바위섬의 미련

이원문
제39집

바위섬의 미련

이원문 지음

책나무

| 차례 |

제2부

제3부

제4부

제1부

버드나무의 춤

바람아 불지 마라

너의 춤 보는 이 눈물 난다

유월의 꾀꼬리

너의 춤이 부러울까

보리밭 양지 누레지는 날

그루갈이 수수 밭에

이내 청춘 다 묻힌다

할아버지의 봄

밤새 찾은 냉수에 기운이 없는 몸
어제까지 성터니 오늘 다르구나
귀찮아도 꿈적어려 들 한 바퀴 돌아야 하나
올려보는 하늘 허공뿐이고
찾는 지팡이는 손주 놈이 감췄나
작대기에 힘 실어 들녘으로 향하는 길
두렁마다 때 찾느라 파란 싹 돋는구나
저 보리밭 언덕배기에 나물 캐는 아이들
무엇이 잘못되어 싸움박질하나
모처럼 나온 들녘 쓸쓸히 부는 바람
내 논두렁마다 깨어지고 무너지고
막아야 할 쥐구멍에 손볼 것이 많은데
아이들에게 이야기하면 잔소리한다 할 것이고
내 늙어 힘없으니 못 본 척 해야 하나
가을을 생각하면 한마디 하고 싶은데
저것들이 안 늙어 보았으니 무엇을 알겠나
가둬놓은 논 물살에 밀리는 세월
귀퉁이에 모아진 것은 검부락지뿐이고
오는 길 덤불에 찔레꽃 송이들
그 찔레꽃도 예전에는 그렇게 예뻤는데
이제 그 꽃도 눈 안의 것이 아니로구나

길

이름은

내 것인데

운명은

나의 것이

아니었다

영혼의 음악

지는 꽃에 들려주는
바람의 노래처럼
눈 감는 마지막 날
그 노래만 들려주소서

내 허물 웃음의 노래에
가슴에 담았던 눈물의 노래까지
마지막 날 다 버리고
그 노래만 들려주소서

이 세상 그 노래들
나와 함께 묻지 말고
내 영혼만이 듣고 가야 할
그 노래 하나만 들려주소서

사월

오는 봄 가는 겨울
하룻밤 사이 무엇이 오고 가나
가는 겨울의 아쉬움도
맞이하는 오는 봄도
누가 먼저 보내고 맞이하는지

추워도 돋아나고
피어야 하는 것인가
산과 들 냇가에 사월의 꽃
흐르는 물소리에 귀 기울여본다

다슬기의 석양

외로워 찾았던 고향의 앞개울

보릿고개의 서러움 그 구름 알고 갔나

시려워 발 옮기면 한쪽 발이 시렵고

또 한 발 내딛으면 손이 시려웠다

그 어린 가슴에 마음까지 시렵던 날

잡힐까 떨어지는 다슬기의 운명인가

고무신에 넣으며 얼마를 올라왔나

허기에 찔레꽃 나와 함께 추웠고

보이는 저녁연기 바람에 추웠다

빗소리

우박 섞여
콩 뿌리는 소리

소나기에
물 뿌리는 소리

보슬비에
그리움이 찾는 소리

가랑비에
나그네 눈물 소리

모아 떨어지는
세월 읽는 낙숫물 소리

여름날 맹꽁이
청개구리 눈에 눈물 난다

종이배의 기억

이 한마디의 사연
누구에게 전해줄까
길가에 민들레 제비꽃 냉이 꽃
연못 찾아가는 마음
종이배에 싣는다

작은 물살 헤치는
띄워 보낸 종이배
가다 멈춰서면
돌섬이 될 것인데
지금쯤 아직 가고 있는지

마음의 꽃

기쁨과 슬픔에 철 따라 피던 꽃

처지에 놓여 어느 꽃을 보았나

산자락 언저리 수놓은 진달래

석양에 가냘피 바람에 떨고 있다

산사(山寺)의 사월

돋아나 피어난 꽃
뜨고 지는 해에
하루가 다르구나

들리는 새소리
불어난 물소리
멎지 않는 바람 소리
풍경에 모아지고

법당에 밝힌 촛불
한낮에도 밝구나
뜨락에 크고 작은
앞산에 진달래
천 년을 그렇게 왔다 갔나

봄바람의 일기

매화꽃에 부치더니
버드나무 춤 띄우나
누구에게 보여주려
저리도 띄워대나

손마디의 보리밭
저 머슴 어디 가나
언저리 돌아서니
보이지 않는구나

개울가 아이들
버들피리 부는 소리
바구니 든 계집아이
뉘 집 처녀인가

피리 소리 끊어질 듯
바람에 시렵고
빼앗긴 마음
방 안이 춥구나

복숭아꽃

먼 기억의
복숭아꽃
울 밑 나지막이
초가집 복숭아꽃
그때는 몰랐는데
기억으로 피어난다

기억의 외딴집
누가 살았었는지
커다란 나무로
많이 핀 것도 아닌데
아련히 떠오르며
기억으로 피어난다

내 딸

내 품 안에서

모두 덮었습니다

그리고

용서하였습니다

이해와 오해

그것은 내 딸의 몫이요

품 안의 밖

운명이라고 봅니다

항아리 인생

모두 받아 삭히는 마음
아이들이 알겠나

그 세월에 너희들이
넣을 줄만 알았지

삭히는 항아리 속
한 번이라도 보았니

이제 열어보아라
이 항아리 소리가 다르구나

봄

불러서 나왔나
나오니 불렀나

찬바람에
시들어지는 날

이 뿌리 씨앗에
다음은 있는지

책보의 일기

학교 시간 늦을세라
둘러맨 책보자기에
한 손에 쥔 계란
주머니에서 깨지고
찌그러진 벤또(도시락)에
깍뚜기 새우젓 국물
옷으로 스며든다

열어 볼 쌀밥 속 밥
어떻게 되었을까
돌뿌리에 넘어져
사오라는 공책 못 샀으니
혼날 걱정에 어떻게 집에 오나
적시는 이슬 발뿐만 아니었다

무상 급식

싫어요
싫어요
학교에서 주는
이웃 엄마의 밥이 싫어요

반찬이 없어도
정성스레 싸아준
우리 엄마의 밥이 더 좋아요
엄마의 정성이 담긴 밥이요

우리 엄마가 싸아주니
효도를 배우고
없는 반찬에 부족함도 알고요
그리고 친구와의 비교에 인생도 배우잖아요

세월호 참사 1주년(어느 기다림)

애야 살아와다오

연줄에 매달린

실 가닥의 모정

처음은 굵었는데

이제 가늘어지는 것인지

그것도 끊어질까

들리는 소리마다

가슴 철렁 내려앉고

뱃머리도 어제처럼

보이지 않는구나

너 얻어 좋은 날이

며칠이나 있었니

그래도 희망은

뱃머리에 있었는데

그마저 가라앉아

그 자리를 잃는구나

차오르는 물 보며

이 에미를 몇 번 불렀니

네 목소리 감긴 연줄

아직 끊어지지 않겠지

벚꽃 세상

하얀 하늘

하얀 세상

언제 다시 걸어볼까

아쉬움에 돌아보면

아무도 없고

앞을 바라보면 끝이 없다

찔레꽃 사랑

이제 흐려지는 것인가
그날에 너의 모습
네 꽃에서 찾는다

어렴풋한 모습에
아직 남은 그리움
석양 언덕 너의 꽃이
옛 그 모습이었나

첫사랑으로 가버린
못 잊을 그리움
이제 모두 네 꽃에 묻는다

제2부

먼 봄

그러한 때도 있었고
그랬던 적도 있었다
진달래꽃 쓸어안던 날
기다림의 며칠 후
찔레꽃도 보았다

개울 따라 오르며
늘 보아왔던
진달래 찔레꽃
그날은 어찌하여
돌아서지 못했는지

볼에 닿은 진달래는
누구의 얼굴이고
바라보던 찔레꽃은
어느 그리움의 모습일까
까마득히 먼 봄 아련히 다가온다

버드나무의 강

이 나의 춤 비웃는 듯

흐르는 저 강물

말이 없구나

건너는 강 나는 새야

무엇을 보았느냐

피던 꽃 지는 꽃

하루 전 열흘 되고

석양의 나루터 어둠이 찾는구나

제비꽃 사랑

나 잊지 않았겠지
잊었어도
나는 아직 못 잊겠어

어느 꽃이 더 예쁠까
어느 것이 예쁘다 했지
둘이 고르던 그 잔디밭 제비꽃

약속의 길에 민들레 꽃도 있었지
바위길 모퉁이 가냘픈 진달래
그 꽃도 나 아직 못 잊겠어

찔레꽃의 하늘

외로워 찾은 언덕
그리움은 있는데
이름이 없다
저 아득한 먼 하늘
나의 꿈이 무엇일까

아래로 펼쳐진
파란 보리밭
서글픈 그 향기인 듯
찔레꽃 기다림에
먼 하늘 바라본다

밥 얻으러 가는 길

보릿고개 넘어가는

가슴속의 찔레꽃

외로운 날의 서러움

어찌 잊을까

먹는 것 다음은

속일 수 있어도

다음 전 먹는 것은

속일 수 없었다

보릿고개의 메아리

보리밭 지나
기슭에 오르는 길
무엇을 찾아
어디로 가고 있나

가슴에 묻혀지는
나부끼는 보리밭
오르는 길 찔레꽃에
새소리 멎지 않고

꽃 이름 모르는 꽃
눈 안에서 피어난다
인생을 배우려
이 산에 오르나

운명의 다리 딛으려
그 길을 찾고 있나
부스럭 생명의 소리에
함께 놀라 소름 돋고

나무 가시의 상처보다
세월에 긁힌 것이 더 아프다

메아리에도 없는 소리
나만이 듣고 있는 것인지

올려보면 구름 뒤
또 한 구름 산 넘고
가쟁이 사이로 보이는 동네
그 복숭아꽃 먼 그림 되어 간다

인연의 봄

매듭지을 인연인가
매듭지은 인연인가
만남에 보는 모습
마음부터 무겁다

속으로 감추고
겉으로 보는 모습
좋아하는 만큼
사랑할 수 있는지

아니면 사랑한 만큼
좋아해 줄 수 있는지
설레임에 걷는 길
무슨 말을 어떻게 해야 하나

이해 못 해 오해하면
놓칠 수 있는 인연
두 갈래의 속삭임 길
꽃 속에 묻어둔다

기억의 꽃

흘러간 세월에
관심 없던 꽃 이름들
이제야 살며시
추억에서 피어난다

거리에 심은 꽃이
고향 언덕의 꽃 같을까
가슴속 깊이
눈에서 아른댄다

다녔던 곳마다
철 따라 피던 꽃
어른들이 붙여준
우리 언어의 꽃 이름

그 세월 울고 웃던 날에
어디인들 피지 않았나
뼛속에 스며드는 그 향기의 꽃
눈언저리 뜨거움에 오늘도 피어난다

라일락의 밤

네 향기 못 잊어
다시 찾았어
처음을 알려준
보라색 너의 꽃
담 넘어 살짝이
나를 부르는 듯

가지 휘어 볼에 대면
그 향기 그윽하고
보이지 않아도
너의 향기 못 잊겠어
낮과 같이 송이마다
피어오르는 너의 향을……

고향 냇가

어느덧 한 세월
또 흐른 것인지
추억의 봄 고향이
조용히 떠오른다

굽어 흐르는 물 그대로
바위 아래 동무들
수양버들 풀숲
버들치 미꾸라지

돌에 붙어 놀다
떨어지는 다슬기
옆 한 귀퉁이에
돋아난 미나리

고무신 띄우며
모래 장난하던 곳까지
찔레 순 한 줌으로
찔레꽃에 묻는다

고향의 메아리

보리밭 언덕에
바구니 든 아이들
무엇을 캐길래
저리도 소란한가

냇가에 아이들
고기 잡는 소리
멀리 논 가운데
소 모는 소리

떼어놓은 송아지
젖 달라 우는 소리
주인아저씨의 이리 오라
머슴 총각 부르는 소리

참 이고 가는 아낙
업힌 아이 칭얼대는 소리
같이 가자 따라오며
주전자 든 아이 투정하는 소리

여보게 이리 오게
참 나누자 부르는 소리

나무하는 이웃 오빠
휘파람 소리

아카시아 꽃 흩날리던 날
보릿고개의 뻐꾹새
부모 잃은 허기의 동무
먼 울음으로 달래어 주는 소리

다시 못 올 세월에
까마귀 짖는 소리
앞산 멀리 북소리에
선소리꾼 선소리 메기는 소리

이 소리 저 소리
문풍지에 곡소리까지
고향의 메아리에
조용히 실려온다

제비의 고향

제비의 고향 찾아
함께 가고 싶어라
어느 곳이 제비의 고향인가

잃어버린 제비의 고향
찾아온 이곳인가
이역만리 그곳인가

추녀 끝 갸우뚱
밥상 내려보며 짖던 제비
빨래 줄에 앉아 아가와 놀던 제비

쫓으면 쫓는다
앙살하며 짖던 제비
제비의 초가집 다 어디 갔나

석양의 봄

하루를 거둬

밤으로 덮는 시간

누구의 하루가

어떻게 덮일까

들녘의 송아지

어미 따라 들어오고

삽 둘러맨 아버지

노을 따라 들어온다

꽃의 세월

삼월에 부름받아
사월에 꽃 피우고
돋은 움 오월이니
어찌 파랗지 않겠는가

아카시아 꽃 날리던 날
뻐꾹새 찾아오고
여름날 외로운
뜨락에 그 꽃들

꽃은 추워도
피고 지는 것인지
찬바람 속 마지막 꽃
며칠이 될까

여인의 길

내딛어가는 길
가야 하는 것인가
흐르는 구름에
마음 빼앗기고
철 따라 피는 꽃에
그 행복 묻은 몸
나 무엇 찾아
어디로 가고 있나
이 찾는 운명의 길
끝은 어디인가
버려야 하는 것 버려도
기억에 남는 길
머물러선 과거
노을에 가려진다

봄비의 기슭

보리 잎새 촉촉히
조용한 산자락
한차례의 바람
안개비 올린다

언제 피었다
지고 말았나
그 붉던 진달래
슬며시 지워지고

어느새 벚꽃도
한두 잎 떨어진다
이제 이 산기슭
찔레꽃이 피겠지

봄비의 들녘

저 산허리의 구름
언제 걷히려나
높은 구름 지났으니
곧 걷힐 것인데

부슬 부슬 내리는 비
논둑길 우산 쓴 이
뉘 집 아범일까
저리 처량하게
무엇을 바라보나

봇물 돌려 물 가두니
못자리의 물 충분하고
둑 갈라 물꼬 트니
논갈이가 걱정되지 않겠나

할 일 많은 들녘의 일
피사리에 밭 모종까지
저 일 다 하고 나면
모내기가 시작되겠지

도라지 꽃

언제인가 이 길을
지나간 것 같은데
그 무렵 저 바위 옆
도라지 꽃 피어 있고
몇 송이는 풍선 되어
누르면 터졌었지

왜 미리 터져
상처를 주었는지
그냥 두어도 예쁘게 필 것을
보라색 몇 송이
하늘거렸던 길
무엇을 찾아 이 길을 걸었었나

기억에 어렴풋이
생각나는 길
바람 부는 석양 길
외로움에 지나갔나
지금도 그 바위 옆
도라지 꽃 하늘댄다

달력의 반

1.2월은 추워서
움츠러들어 그렇고

3월은 봄맞이에
양지부터 찾았다

4월에 피는 꽃
어느새 낙화 되나

푸르른 5월은
어느 꽃이 피어날까

그다음 6월이면
여름이 되겠지

보리 목

입에 넣는 풋보리
어느 것 씹으면
물이 잡히고
또 어느 것 씹으면
모래알 같다

찔레꽃 필 무렵
할머니가 그랬듯이
술 주전자 들고 오며
훑어보는 보리 이삭
언제 영글까 기다려진다

제3부

찔레꽃의 일기

그 자손 키우기를
찍히는 풀 한 줌보다
묻어나온 세월이
더 많았던 어머니

찔레꽃 하늘에
흐르는 구름이
어머니의 마음을
얼마나 헤아릴까

보리밭 둑 찔레꽃은
세월의 것이었고
앉은 이슬은
어머니의 것이었다

산나물 기슭

이 산을 오를까
저 산을 올라야 하나
아니면 더 멀리
음지를 찾아갈까

욕심에 거둬 든
큰 자루인데
얼마를 뜯어야
이 자루가 채워질까

이리 저리 둘러보는
욕심의 산자락
더 멀리 음지로
발길이 딛어진다

나 어려서 오르던 곳
그때에는 이쪽으로
길이 놓여 있었는데
지금은 우거져 그 길이 없다

앉던 바위도 숲에 가려 안 보이고
두서너 번 찾았었나

가슴의 그 물만
돌 틈 찾아 흐른다

얼마를 올라 왔나
취나물 삽취 고사리
이름 모를 나물에 더덕도 캤다
내려 보이는 그때 그 마을

보릿고개 시절
그 보리밭 없어지고
이리저리 바뀐 길에
냇둑도 없어졌다

다 못 채운 욕심의 자루
이제 그만 내려가야 하나
저문 석양 저녁 바람
어서 가자 재촉한다

약속

시간의 것인가
그날의 것인가
다가오는 설레임
그 약속을 잃는다

넘지 않으려
미리 찾아온 시간
약속은 그 마음을
헤아릴 수 있는지

몇 곱이 넘은 시간
마음부터 갈라진다
잘못들은 여기인가
아니면 그곳인가

약속의 날 전화번호
잘 적어 주었는데
사람도 전화도
시간에 덮여간다

지쳐버린 설레임
이제 그만 일어나야 하나

초라한 내 모습에
모두를 지운다

오월

기억의 그날들
피눈물로 보내야 했던
잊을 수 없는 그날들
피는 꽃에 들리는 새소리
지금도 뚜렷이 그날을 떠올린다

뼛속에 스며드는
세월의 교훈인가
외로움 서러움 보리밭에 앉던 날
못 잊을 하늘의 구름
뒤 안 보고 산을 넘었다

오월의 그리움

풀잎에 맺힌 이슬
어느새 떨어지나
불어오는 바람
보리 눕히고
석양에 갈참나무
은빛으로 물들인다

누구의 그리움이
구름 따라 산을 넘나
산자락 그림자
보리밭 덮는 저녁
울먹이는 뻐꾹새 소리
하늘 높이 멀어진다

오월의 교훈

냉정한 삶
다시는 그런 세월이
또 안 오리라
볼 수 없는 것

보리밭 양지에서
배고픔을 배우고
비교의 이웃에서
부족함을 배웠다

먼 뻐꾹새 울음에
서러움을 배우고
기슭 가재 잡이에
길 가는 법을 배웠다

불어오는 바람이
보리밭만 스쳤을까
석양의 그 바람에
마음 씻는 법을 배우고

피고 지는 찔레꽃에
그리움을 배웠다

아카시아 꽃 날리던 날
모내기의 들녘은
무엇을 가르쳤나

오월 단풍

아가 손 너의 잎
네 빨간 너의 잎
푸르름 속 너의 잎이
열흘의 꽃인들
어찌 부러울까

바람에 손짓하는
아가 손 너의 잎
꽃잎 떨어지던 날
네 빨간 단풍은
가을을 기다렸지

어머니의 섬

섬에서 섬으로
고깃배만 기다렸나
저 노 져오는 배 누가 노 져오나

먼 저 섬은 어머니가 태어난 곳
그곳에서 이곳 보면
어머니의 시집이다

썰물과 밀물이 날마다 오가는 섬
저 섬 다녀온 지가 언제 적 이야기인가
시간이 지나면 다 흐려지는 것인지

밀물 들어와 태어난 섬 작아지고
거둬 든 썰물은 무엇을 드러냈나
갈매기 뒤적이며 그 세월 찾는다

꿈속의 고향

서운한 인심에 못 찾았던 고향

찾아도 보기 싫어 못 갔을 것이다

철 따라 피는 꽃에 나 놀던 뒷동산

어찌 그곳이 보고 싶지 않았겠나

옛 이름으로 떠나버린 뻐꾹새 우는 고향

가난에 물어 한 번쯤 찾으련다

침묵의 길

세상에서 가장 작은
둘만의 오솔길
물어보면 어떻게 하나
꽃 이름이 무엇이지

들어도 못 들은 척
새소리 들리는 길
무슨 말을 먼저 할까
잡은 손 떨리는 길

못 주워 담을 말 한마디
실수하지 않을까
떨리는 손 조심의 길
아무 말도 못 했다

장날

얼마 만에 가는 장날
무엇을 사야 하나
남은 씨앗 마저 넣고
모종도 다 했겠다
논일은 아직 이르고

눈치챈 마누라 또 잔소리한다
어디를 가려고 저렇게
싹 차려입고 나서나
할 일도 많은데
참 오늘 장날이지

양복에 네꾸다이(넥타이)
잘한다 잘해
언제 적 양복이고
네꾸다이인데
찌든 때에 누런 샤쓰

누가 멋있다고나 할까
지나가는 개가 다 웃겠다
이놈의 영감 또 주막거리 가려고
이번에는 내 쫓아가봐야겠다

살 것이 뭐 있다고 거기에 미쳐 그렇지

멍든 노을

아름다운 여름날이
지워지는 것인지
조용한 파도 소리
그날을 휩쓴다

부서진 모래성에
남겨진 그리움
그 기억 하나하나
노을에 얼룩지나

돌아선 뒷모습이
다시 돌아보는 듯
매듭 못 진 그날의 정
밤새워 풀려 간다

외로운 추억

찾아가면 찾을까
눈 감으면 잊을까
기억의 약속 시간
서산에 머물고
노을 진 언덕
저물어간다

아직도 나에게
그날이 머무나
지워지지 않는 미련
나 어디로 가라 하나
이 아픈 빈 가슴에
그날의 꽃 피어난다

떠나는 사월

이렇게 빠른 것을
울 밑 앞산 자락
개나리 진달래
담 넘어 라일락도
시들어간다

봉오리 적 기다렸던
그 꽃들이었는데
봄도 이제 떠나는 것인지
돋은 움 펴지는 산
푸르러간다

천태만상

나를 보셨나요
모습도 보셨고요

세상은 다
나와 같지 않다네

저 산 넘는 구름이
어찌 다 같을까

마지막 모습까지
다 다르다네

오월의 하늘

흐르는 구름 따라

산 넘는 마음

저 보리밭 구름

어디로 가고 있나

뒤따르는 구름 형제

내 집 같은 마당 구름

올려본 하늘 구름 외롭고

마음도 구름 따라 산을 넘는다

찔레꽃 남매

나 떼어 놓고 간 언덕

아직도 그날 되어

찔레꽃 피어있다

아줌마 따라간 누나

어디에 있는지

철공소 쇠망치로

그 세월 두드린 나

나 이제 배고프지 않으니

그 언덕 찾아올까

그 언덕 찔레꽃 누나를 기다린다

오월의 저녁

허공을 날던 제비
집 찾아 들어오고
개미의 집은 어디일까
벌레 물고 헤맨다

들녘의 일손
언제 끝나려나
쇠죽솥 쇠죽 식어가는데

시장기의 할아버지
혼잣말의 늦은 저녁
온 집안 식구
어머니 기다린다

아쉬운 봄

보이는 꽃 다 떠나고
푸른 숲 언덕에 들꽃만 피어있다
몇 번 본 것 같은데
언제 다 지고 말았나
삶이 바쁜 것인지
세월이 빠른 것인지

서운히 그렇게 지워졌다
이제 남은 그리움의 찔레꽃
마지막 남은 허기의 아카시아 꽃
그 꽃 다 지면 여름이 오는 건가
가슴에 남는 우리의 꽃
밤사이 피고 지며 세월을 몰아댄다

오월 등산

설레임에 오른 차 언제 도착할까
준비는 다 했는데 빠진 것은 없는지
차창 밖에 보이는 들 일손 바쁘고
푸르른 산 지나는 길 마음 새롭다
누구도 동행 아닌 홀로의 여행
마음 비워 떠나는 길 무엇이 담길까
멋처럼 자유 시간 눈꺼풀 내려오고
도착한 대둔산 안내문에 갈 곳 많다
파전에 막걸리 한 잔 고된 삶 씻기나
올려보는 저 높은 산 언제 오를까
짐 맡겨 놓으니 몸은 가벼운데
마음은 무거웠다 오른 만큼 가벼워진다
구름다리 지나 오르는 가파른 길
내려 보이는 벼랑 아찔한 기분
절벽에 스친 바람 가슴을 씻어주나
손잡아주던 옛 추억 그 얼굴 떠오른다

제4부

보슬비의 뜰

가늘고 굵은 날이
빗줄기가 되었나
고인 물이 그날이면
빗줄기는 무엇인가

내리는 보슬비 낙숫물 되니
만드는 물방울에 인생이 들어간다

무엇을 막아 놓고
어느 것을 넣을까
다 들여보내도
모두 지워질 것을

사랑의 오월

다 잃었다
그리고 잊었다
떠나간 그날에
정 하나에 담긴 모습
기다려온 시간이 오늘이었나
들리는 그 새소리
못 잊을 이야기들

이제 모두 모아
저 하늘에 뿌리련다
미웠던 날에 그 아름다움
흩어진 미련도
다 잊으련다
찔레꽃에 묻으며
모두 날려 보내련다

어린이

너희들 마음은

푸른 숲 마음이고

이름은 이슬 앉힌

새싹이란다

새처럼 노래하고

힘껏 날아라

저 파란 하늘 높이

마음껏 날아라

9남매

3번 장례로 떠난 어머니
저 먼 나라로 떠나면
기억도 흐려지는 것인지
옥양목 치마폭에
밥 한 그릇 얹어놓고
허기의 우리를 어서 오라 손짓한다

오월 송홧가루에 섞인
어머니의 뼈 녹은 희생
그 세월 안 닿은 곳이 어디 있겠나
섞인 송홧가루 못자리에 앉는다
어디서부터 어디까지가 어머니의 희생인가
잘났다는 9남매 어서 생겨났고

한글 몰라 준혹 들렸던 어머니
그래도 9남매의 진자리를 말려 주었다
누구 손에 어떻게 자란 9남매인가
넘는 고개마다 살이 떨어져나가야 했던 어머니
그 희생하면서도 말이 없었던 어머니
어머니 입에 쓴 것이 누구 위해 달다 했나

문풍지 울림에 추워 떨던 어머니

부엉이 울면 다듬이질로 달랬고
첫닭 울음에 우리 9남매 발치를 덮어 주었다
9가닥의 어머니 정 못자리에 매어 있나
송홧가루 저녁 바람에 어머니의 세월 섞어놓고
한 이불 속 9남매 그 세월 바라본다

파란 그리움

초록 산 위 파란 하늘
조각구름 어디에 있나
구름 없는 파란 하늘
그리움 올려진다
누구의 이름일까
모습 없는 그리움
오월 하늘 저 높이
외로이 맴돈다

감자밭

네 저녁 바람

감자밭에 불지 마라

감자 꽃 떨어지면

그 아이 운단다

저녁 너의 바람

아카시아 꽃에 불던 날

춥던 그 아이

뻐꾹새와 울었단다

어머니의 회심곡

찔레꽃 피던 날
꾀꼬리 올려보며
사리고 감춘 몸이
엊그제 같은데
적삼을 벗어도
보는 이가 없구나

기름기 빠져나간
종이 살에 늘어진 몸
그 던진 세월이 이 모양인가
이 에미 세월 얻어
자라난 너희들
지금도 뜯는 소리
잘못했다 하는구나

이 에미 세월의 것
다 나누어주마
에미가 잘못했다
오뉴월 버드나무 춤 띄울 무렵
에미도 너희 같이 늙을 줄 몰랐는데
이제 하루 한 달 일 년이 다르구나
그 세월을 이루 어떻게 다 말을 하겠니

먹는 것도 입는 것도
시도 때도 다 지나간 인생
놀이에 구경하고
웃어본들 무엇하랴
추함에 흉만 남아
까마귀 날까 숨긴 마음인데

송홧가루 언덕

봄도 아니고
여름도 아니고
송홧가루 날리는 산
여름 문 두드린다

저 송홧가루
여기에 닿으면
보리밭 옆 감자밭
감자알이 더 커지나

누레지는 보리밭
지나는 아이들
감자밭 바라보며
보리 이삭 훑어본다

찔레꽃 고향

아랫녘 쓸쓸히 저녁 바람 불어

논 기슭 찔레꽃 추워서 떨고

삽 씻는 아버지 논길에 들어서면

노을 진 들녘 저물어간다

엄마의 부엌

김 서려 그을린 부엌

연기로 가득 차고

밥 끓어 넘어

부뚜막에 흐른다

부엌문 밖 큰기침은

무엇을 의미했나

아이들 싸우며 칭얼대는 소리

엄마의 희생은 그렇게 끄을려 갔다

갯마을

밀물이 흘린 세월
썰물에 줍고
바위에 머문 시간
굴 바구니에 담는다

쪼고 캐어 담은 날
빠진 발이 몇 해인가
숨은 세월 머문 시간
껍데기만 남는다

풀잎새

한세상 나오니
길러주어 고맙고
안 보여도 가는 길
가야 하는 것인지
흔들리는 풀잎새에
무엇을 배웠나
깨닫지 못하고
천성이 막는 길
귓전 밖 소리에
무엇을 버렸나
담아 들은 소리에
얻은 것이 무엇이고
타고난 팔자에
욕심 섞어 딛는 길
섞어도 그것이
그 운명의 길이 되던가
알아듣지 못한
새소리 들려온다
흐르는 물에 손 담그니
뼈마디가 어떻던가
담근 물 물길 따라
하늘의 구름 바람 따라

사람은 무엇 따라
어디로 가고 있나
흔들리는 풀잎새에
깨우치지 못한 인생
알 수 없는 그 길에
욕심 섞어 딛어간다

고향의 꽃

시냇물 흐르는
고향 언덕에
지나친 들꽃들
눈 안에 들어오네

언덕에 흐드러진
그 꽃의 이름들
몰랐던 이름의 꽃
그리움에 피어나나

석양의 들꽃 언덕
바람 불어 저물고
아이들 소 모는 길
저녁노을 짙어가네

저수지의 고향

어느덧 그때인가
나지막이 아카시아 꽃
주렁주렁 매달리고
길가의 그 옛 꽃에
눈길이 멈춰진다

어릴 적 옛 수로 길
송사리 떼 모이는 길
낙찰에 담근 발
그날처럼 시린 것인가
물속 양지 송사리 떼 흩어진다

돌아서 올라 나뭇잎 쥔 그늘
건너편 수초 너머
마을 들녘 잠들고
잔잔히 이는 물결
이 마음 빼앗는다

학의천

버드나무 숲 우거진
안양의 학의천
개나리 둑 아래
억새풀로 가득하다

잉어 떼의 물놀이
옛날에도 그랬었나
징검다리 건너편
저 꽃 이름들이 무엇일까

사계절 변함없이
자연의 그 모습
냇 이름 그대로
학이 내려앉는다

붉은 머리 흰 점박이
잿빛에 검은 꼬리까지
가까이 눈 마주쳐도 날지 않고
홀로 묵묵히 물살을 바라본다

동자승

가자
아가야 가자
이 무거운 엄마의 마음
찾아가는 절 안팎
밟히는 풀잎새에 묻으련다

삭발에 수계식
그만 울고 머리 위 연등을 보아라
아직 이른 열반의 속세
보리수 그늘의 부처가 되는 길이란다
우리 스님 이제 부처님 앞에 번뇌하세요

세월 따라 가는 길

울고 웃던 날
몇 번의 꽃이 피었다 지었나
왔다 가는 계절에 무엇을 얻었고

이제 남은 며칠도 흘린 날에 덮이고
내 따르던 그림자
하늘의 구름 원망한다

남의 세월 길다 했나
나는 짧다 하면서
쥔 것도 든 것도 모르고 가는 인생

올려본 하늘에 산 넘는 구름도
낙엽 띄워 흐르는 강물도
그렇게 그렇게 말없이 흘러간다

꿈속의 길

보이지 않는 인생의 길
꿈으로 돌리기에 너무 허무하고
현실에 맞추자니 꿈같이 알 수 없다
아니 가려해도 가야 하는 길
가고 싶어도 못 가는 길
넘고 넘는 고개마다 한숨이 더 많고
섞이는 욕심에 바라볼 것도 많다

이 자리에 서서 무엇을 보았나
쉬려 누운 자리에 어느 것이 놓여 있고
딛어 되돌아보는 길 딛은 몇 발자욱에서도
되돌아보지 않았나
목적이 무엇이든 또 다른 목적이 생기는 길
늘리고 줄이고 탓으로 돌려도
가는 길마다 마음이 무겁다

아카시아 꽃의 일기

내 하얀 꽃

올려보며

가지 휘는 아이

뻐꾹새 울음

가까이 들리는 듯

아이의 엄마는

풋보리를 베었다

석양의 오월

석양의 오월은

외로운 것인가

서쪽 구름 흩어져

노을 져 가고

허공을 젓는 제비

더 높이 오른다

이 도서의 국립중앙도서관 출판예정도서목록(CIP)은 서지정보유통지원시스템 홈페이지(http://seoji.nl.go.kr)와 국가자료공동목록시스템(http://www.nl.go.kr/kolisnet)에서 이용하실 수 있습니다. (CIP제어번호 : CIP2017005736)

바위섬의 미련

초판 1쇄 발행 2017년 3월 27일

지은이 이원문 **펴낸이** 임정일
책임 임병천 **편집** 김지해, 김수경 **디자인** 이동헌

펴낸곳 책나무출판사
출판신고 2004년 4월 22일(제318-00034)

주소 서울시 영등포구 신길3동 325-70 3F
전화 02-338-1228 **팩스** 0505-866-8254
홈페이지 www.booktree.info

ISBN 978-89-6339-519-7 03810